Hegel's Philosophiska Propaedeutik: Forsta Kursen Ratts, Pligt Och Religions-Lara

Johan Jakob Tengstrom

In the interest of creating a more extensive selection of rare historical book reprints, we have chosen to reproduce this title even though it may possibly have occasional imperfections such as missing and blurred pages, missing text, poor pictures, markings, dark backgrounds and other reproduction issues beyond our control. Because this work is culturally important, we have made it available as a part of our commitment to protecting, preserving and promoting the world's literature. Thank you for your understanding.

HEGEL's

PHILOSOPHISKA PROPAEDEUTIK;

Första Kursen:

Rätts-, Pligt- och Religions-Lära.

Öfversättning,

Första Stycket;

med tillåtelse af Vidtberömda Philosophiska Fakulteten vid Kejserl. Alexanders-Universitetet i Finland,

och under inseende af

D:r JOHAN JAKOB TENGSTRÖM,

Professor i Theor. och Prakt. Philosophin, Riddare af Kejserl. Kongl. S:t Stanislai Ordens Andra samt Kejserl. S:t Vladimirs Ordens Fjerde Klass,

till offentlig granskning

i Philos. Auditorium den 18 Juni 1845
på vanlig tid f. m.,

utgifvet af Öfversättaren,

JOHAN ADOLF GRANQVIST,

Studerande af Satakunda Afdelning.

HELSINGFORS,
J. C. Frenckell & Son.

Inledning.

§. 1.

Föremålet för denna lära är den menskliga viljan, och, egentligare, hvad den särskilda viljans ställning till den allmänna beträffar. Såsom vilja förhåller sig anden praktiskt. Det **praktiska** förhållande, hvarigenom hon i sin obestämdhet sätter en bestämning eller i stället för bestämningar, hvilka utan hennes tillgörande äro inom henne förhanden, sätter utur sig sjelf andra bestämningar, bör skiljas från hennes **theoretiska** förhållande.

§. 2.

Medvetandet öfverhufvud är Jagets hänförande till ett föremål, vare sig inre eller yttre. Vårt vetande innehåller dels föremål, hvilka vi genom sinnliga iakttagelser känne; dels åter föremål, hvilka uti anden sjelf hafva sin grund. De förra utgöra den **sinnliga**, de sednare den **intelligibla** verlden. Begreppen om det rätta, sedliga och religiösa höra till den sednare.

§. 3.

Uti Jagets och föremålets hänförande till hvarandra är Jag: 1) såsom **passivt** och föremålet såsom orsaken till bestämningar inom mig. I detta fall komma de bestämda föreställningar, hvilka jag har inom mig, deraf, att omedelbart förhandenvarande föremål göra på mig ett intryck. Detta är det theoretiska medvetandet. Vare sig, att det förhåller sig såsom iakttagande eller såsom inbillningskraft eller såsom tänkande, så är dess innehåll alltid ett redan gifvet och förhanden varande, och uti tänkandet dess innehåll det i sig varande. — 2) Häremot företer sig Jag såsom praktiskt medvetande, om Jagets bestämningar icke endast äro dess föreställandes och tänkandes bestämningar, utan skola träda i yttre tillvaro. Här bestämmer Jag tingen eller är orsaken till de gifna föremålens förändringar.

§. 4.

Den praktiska förmågan bestämmer sig öfverhufvud inifrån, ur sig sjelf. Innehållet af hennes bestämningar tillhör henne och hon erkänner dem för sina. — Men dessa bestämningar äro först endast inre och alltså afsöndrade från det yttres realitet, men de skola blifva yttre och realisera sig. Detta sker genom Handlandet, genom hvilket de inre praktiska bestämningarna erhålla en utomlighet, d. ä. en yttre tillvaro. — Tvärtom kan detta ock betraktas så, att en förhandenvarande yttre tillvaro upphäfves och göres öfverensstämmande med den inre bestämningen.

§. 5.

Den inre bestämningen af det praktiska medvetandet är nu sjelf antingen drift eller egentlig vilja. Driften är ett naturligt sjelfbestämmande, hvilket beror på inskränkta känslor och har ett inskränkt ändamål, utöfver hvilket det icke utgår, eller det är den ofria, omedelbart bestämda, lägre begärförmågan, hvarmed menniskan förhåller sig såsom naturväsen. — Genom reflexionen går hon också utöfver driften och dess skrankor. Hon jemför honom dymedelst icke endast med medlen för dess tillfredsställande, utan ock dessa medel, äfvensom drifterna sjelfva med hvarandra och med ändamålen för sitt väsen och öfverlemnar sig med reflexionens slutledning antingen åt driftens tillfredsställande, eller håller hon det tillbaka och försakar det.

§. 6.

Den egentliga viljan eller högre begärförmågan är: 1) Jagets rena obestämdhet, hvilken såsom sådan ännu ingen inskränkning har, ej eller något genom naturen omedelbart förhandenvarande innehåll, och i sig är likgiltig för hvarje bestämdhet; 2) kan jag tillika öfvergå till en bestämdhet och göra till min den ena eller andra, hvilken jag då försätter till verklighet.

§. 7.

Viljans abstrakta frihet består alltså uti Jagets förenämnda obestämdhet eller likhet med sig sjelft, hvari en bestämning endast är, så vida viljan gör den till sin eller sätter den inom sig; men tillika förblifver deri med sig sjelf lik och kan åter abstrahera från hvarje bestämning. — För viljan kunna väl utifrån föreläggas mångahanda retelser, bevekelsegrunder, lagar, men om menniskan följer desamma, så sker det endast, så vida viljan sjelf gör dem till sina och har resolverat sig dertill. Detta är ock fallet med den lägre begärförmågans bestämningar eller med det, som härrör utaf naturliga drifter och begär.

§. 8.

Skuld har viljan så vida, som: 1) hennes bestämning endast af henne sjelf är gjord till hennes eller tillhör hennes beslut: jag har velat; 2) så vida viljan känner de bestämningar, hvilka genom hennes handling, såsom den ligger i hennes beslut, frambringas, eller hvilka nödvändigt och omedelbart med densamma sammanhänga.

§. 9.

Gerning är öfverhufvud tillvarelsens frambragta förändring och bestämning. Men till handlingen hör endast det, som af gerningen ligger i beslutet, eller var i medvetandet, hvad följaktligen viljan erkänner såsom sitt.

§. 10.

Den fria viljan såsom fri är vidare icke bunden vid den bestämdhet och enskildhet, hvarigenom en individ åtskiljer sig från en annan, utan hon är allmän vilja, och den Enskilde är till sin rena vilja ett allmänt väsen.

§. 11.

Viljan kan väl i sig upptaga, och göra till sitt, mångahanda yttre, d. ä. icke ur hennes väsen framgående innehåll. Så vida förblifver hon endast till formen sig lik, nämligen, att hon vet med sig att genast åter kunna abstrahera från hvarje innehåll och återställa sin renhet, men icke till innehållet och väsendet. Hon är så vida öfverhufvud endast **godtycke**.

§. 12.

Men för att viljan må vara **sannfärdig** och absolut fri, kan det, som hon vill, eller hennes innehåll, intet annat vara än hon sjelf. Hon kan blott inom sig sjelf vilja och hafva sig till föremål. Den rena viljan vill alltså icke något särskildt innehåll för sin särskildhets skull, utan att viljan såsom sådan uti sitt görande må vara **fri och frigifvas**, eller att den allmänna viljan må ske.

Den närmare bestämningen och utvecklingen af denna viljans allmänna grundsatts framställer Rätts-, Pligt- och Religionsläran.

Upplysningar vid Inledningen *).

§. 1.

Föremålen äro det särskilda, som de äro, genom sin bestämning; ett sinnligt föremål t. ex. genom sin gestalt, storhet, tyngd, färg, genom det mer eller mindre fasta sammanhanget mellan dess delar, genom ändamålet, till hvilket det användes o. s. v. Bortlemnar man nu i föreställningen bestämningarna af ett föremål, så kallar man det: abstrahera. Ett mindre bestämdt föremål eller ett abstrakt objekt återstår. Men upptager jag uti föreställningen endast en enskild sådan bestämning, så är också detta en abstrakt föreställning. Föremålet, lemnadt i sina bestämningars fullständighet, kallas ett konkret föremål. Abstraherar jag från alla bestämningar, så återstår för mig blott föreställningen af det helt och hållet abstrakta objektet. Om man säger: Ting, så menar man väl något bestämdt, men man talar om något alldeles obestämdt, då det är vår tanke, som gör ett verkligt ting till denna abstraktion af ett blott ting.

Det sinnliga iakttagandet är dels yttre dels inre. Genom det yttre iakttage vi ting, hvilka i tid och rum äro utom oss och hvilka vi tillika skilje från oss. Genom det inre sinnliga iakttagandet bemärke vi dels vår kropps, dels vår själs till-

---

*) Dessa paragrafers nummerföljd fortgår oberoende af de förra paragraferna.

stånd. En del af den sinnliga verlden innehåller sådana föremål och deras bestämningar, såsom t. ex. färgerna, för hvilka det sinnliga ligger till grund och hvilka hafva erhållit en andig form. Om jag säger: detta bord är svart, så talar jag först om detta konkreta föremål ensamt; för det andra, predikatet svart, som jag om det utsäger, är ett allmänt, hvilket icke mer gäller blott om detta enda, utan tillkommer flera föremål. Det svarta är en enkel föreställning. — Om ett egentligt konkret föremål vete vi om**e**delbart. Det omedelbara medvetandet är åskådningen. En allmän abstrakt föreställning deremot en förmedlad föreställning, emedan jag vet om henne förmedelst en annan, nämligen genom abstraktionen eller bortlemnandet af andra bestämningar, hvilka uti det konkreta dermed äro förenade. — En konkret föreställning analyseras, då man utlägger de bestämningar, hvilka uti det konkreta äro förenade. Den intelligibla verlden erhåller ur anden sitt innehåll, öfverhufvud rena allmänna föreställningar, t. ex. Vara, Intet, Egenskap, Väsen o. m. d.

§. 2.

Första källan till vår kunskap är Erfarenheten. Till erfarenheten hör öfverhufvud, att vi sjelfve hafve iakttagit något. Men också måste en skilnad göras mellan iakttagelse och erfarenhet. Iakttagelsen innehåller närmast blott ett enda föremål, som nu tillfälligtvis kan vara så, en annan gång annorlunda beskaffadt. Om jag nu förnyar iakttagelsen och uti den förnyade iakttagelsen bemärker och fasthåller det, som uti alla dessa iakttagelser förblifver sig likt, så är detta en erfarenhet. Erfarenheten innehåller förnämligast lagar, d. ä. en förknippning af tvenne företeelser så, att om den ena är förhanden, den andra också alltid följer. Men erfarenheten innehåller blott en sådan företeelses allmänhet, men icke sammanhangets nödvändighet. Erfarenheten lär endast, att något så, och huru det, sker eller är förhanden, men ännu icke grunderna eller hvarför.

Då det gifves ganska många föremål, om hvilka vi sjelfve icke kunne hafva erfarenhet, t. ex. det förflutna, så måste vi ock förlita oss på andras auktoritet. Också de föremål, hvilka vi på andras auktoritet hålle för sanna, äro erfarenhetsföremål. Vi tro det, som är sannolikt, på andras auktoritet. Ofta anse vi det för sannolikt, som verkligen är osannolikt, men just det osannolika är ofta det sanna. — (En tilldragelse bekräftar sig isynnerhet genom följderna och genom det mångfaldiga sammanhanget af omständigheter, om hvilka vi sjelfve hafve haft erfarenhet. De män, hvilke berätta något, måste äga trovärdighet, d. ä. hafva varit i sådana förhållanden, att de kunna hafva kunskap om saken. Af desammas ton kunne vi sluta till deras redlighet, om det är deras alfvar eller om de möjligen äga ett intresse dervid. Om skriftställare skrifva under en tyranns regering och de hålla loftal öfver honom, så se vi, att det är smicker. Om vi höre någon berätta om något, hvari han tillika sjelf är invecklad, så skall man väl höra, att han berättar till sin fördel. Men om någon mycket hos sin fiende berömmer en god egenskap eller handling, så måste vi snarare tro det sagda).

Erfarenheten lär alltså endast, huru föremålen äro beskaffade, icke huru de måste vara, ej eller huru de böra vara. Denna kunskap framgår endast ur väsendet eller begreppet af saken. Denna allena är den sannfärdiga. Då vi ur begreppet läre känna föremålets grunder, så måste vi jemväl känna begreppena för bestämningarna af det rätta, moraliska och religiösa.

Vid bestämningarna, hvad rätt och godt är, kunne vi till en början öfverhufvud hålla oss till erfarenheten, och dervid väl för det första till den yttre, nämligen verldens gång. Vi kunne se, hvad som gäller såsom rätt och godt eller hvad såsom rätt och godt bekräftar sig. Härvid är att märka: 1) att man redan på förhand måste hafva begrepp om det rätta och goda, för att veta, hvilka handlingar äro rätta eller goda och hvilka orätta eller onda; 2) om man alltså ville hålla sig vid, hvad verldens gång också visar såsom gällande, så skulle deröfver intet bestämdt inhämtas. Det ankomme i anseende till resultaterna eller den erfarenhet, som man gör, på den afsigt man medbringar. I verldens gång, emedan den sjelf är detta olikartade skeende, kan hvar och en finna bekräftelse på sin subjektiva åsigt, den må vara aldrig så skiljaktig.

Men det gifves också för det andra en inre erfarenhet om det rätta, goda och religiösa. Vi dömme genom vårt hjerta eller känsla, att något af detta handlingssätt är godt eller ondt; också hafve vi en känsla af religion; vi afficieras religiöst. Hvad känslan säger, såsom ett gillande eller ogillande af detsamma, innehåller blott det omedelbara utslaget eller den försäkran, att något är så eller är icke så. Känslan uppger inga grunder och talar icke efter grunder. Hvad för en känsla vi hafve, af gillande eller ogillande, är ock hjertats blotta erfarenhet. — Men känslan är öfverhufvud obeständig och föränderlig. Hon är på en tid så beskaffad, på en annan annorlunda. Känslan är öfverhufvud något subjektivt. Såsom ett föremål är inom känslan, så är det blott inom mig såsom särskild individ. Då jag säger: jag känner något så; eller: så är något uti mitt sinne; så säger jag dermed, att det blott inom mig så är. Jag lemnar oafgjordt, om det äfven hos andra så är. Om jag vid något åberopar blott min känsla, så vill jag icke gå in på grunder, alltså icke på det allmänna. Jag drager mig då tillbaka till mig och uttrycker blott, huru saken är inom mig, icke huru den i och för sig objektivt och allmänt är. Det objektiva eller det allmänna är det förståndiga eller begreppet.

Om man vill verkligt känna, hvad en ros, neglika, ek o. s. v. är, eller vill uppfatta deras begrepp, så måste man först och främst uppfatta det högre begrepp, hvilket för dem ligger till grund, här alltså begreppet af en växt; och för att åter uppfatta begreppet af växten, måste man åter uppfatta det högre begrepp, hvarpå begreppet växt beror, och detta är begreppet af en organisk kropp. — För att hafva föreställningen om kroppar, ytor, linier och punkter, måste man hafva föreställningen om rummet, emedan rummet är det allmänna; deremot kropp, yta o. s. v. äro blott särskilda bestämningar uti rummet. Så förutsätter det tillkommande, förflutna och närvarande, tiden såsom deras allmänna grund, och så förhåller det sig ock med rätt, pligt och religion, nämligen de äro särskilda bestämningar af medvetandet, hvilket är deras allmänna grund.

§. 3.

Vid medvetandet hafve vi vanligen föremålet för oss, eller vi vete blott om föremålet och vete icke om oss. Men Jaget är väsendtligen i dessa ting förhanden. Så vida vi öfverhufvud föreställe oss blott ett föremål, så hafve vi ett medvetande, och det om föremålet. Så vida vi föreställe oss medvetandet, äre vi medvetne af medvetandet eller vi hafve ett medvetandets medvetande. — Uti vår vanliga lefnad hafve vi ett medvetande, men vi äre icke medvetne med oss, att vi äre Medvetande; vi hafve mycket, också redan kroppsligt, medvetslöst; t. ex. lifsfunktioner, hvilka höra till vårt sjelfuppehållande, besitte vi utan att äfven redan derför hafva ett medvetande om deras nogare beskaffenhet, hvilket vi först uti vetenskapen förvärfve. Också på andigt vis äre vi mycket, som vi icke vete. — De yttre föremålen för vårt medvetande äro sådana, som vi skilje från oss och hvilka vi tillskrifve en af oss oberoende existens. De inre föremålen häremot äro bestämningar eller förmögenheter, Jagets krafter. De bestå icke utom hvarandra, utan det, hvari de bestå, är Jag. — Medvetandet förhåller sig antingen theoretiskt eller praktiskt.

§. 4.

Det theoretiska medvetandet betraktar det, som är, och lemnar det, sådant det är. Det praktiska deremot är det verksamma medvetandet, hvilket icke så lemnar det, som är, utan frambringar deri förändringar och framalstrar ur sig bestämningar och föremål. — Uti medvetandet äro alltså tveggehanda förhanden, Jag genom föremålet, eller föremålet genom mig bestämdt. — Uti förra fallet förhåller jag mig theoretiskt. Jag upptager föremålets bestämningar inom mig, sådana de äro. Jag lemnar föremålet, såsom det är, och söker göra mina föreställningar öfverensstämmande dermed. Jag har bestämningar inom mig och föremålet har ock bestämningar inom sig. Innehållet af mitt föreställande skall vara beskaffadt, såsom föremålet är. Föremålets bestämningar i sig äro reglor för mig. Mina föreställningars sanning består deri, att de öfverensstämma med sjelfva föremålets beskaffenhet och bestämningar. Lagen för vårt mevetande, så vida det är theoretiskt, är icke fullkomligen passiv, utan det måste rikta sin verksamhet derpå, att emottaga det föremåleliga. Något kan vara föremål för vår iakttagelse, utan att vi derföre hafve ett medvetande deraf, om vi icke derpå rikte vår verksamhet. Denna verksamhet vid emottagandet är **uppmärksamheten**.

§. 5.

De föreställningar, hvilka vi förvärfve oss genom uppmärksamhet, sätte vi inom oss i rörelse genom **inbillningskraften**, hvars verksamhet består deri, att hon hos oss vid åskådningen af ett föremål framkallar bilden af ett annat, hvilket med det förra på något sätt är eller var förknippadt. Det är icke nödvändigt, att föremålet, vid hvilket inbillningskraften fäster bilden af ett annat, är närvarande, utan det kan också blott i föreställningen vara tillstädes. Inbillningskraftens mest utsträckta verk är **språket**. Språket består uti yttre tecken och toner, hvarigenom man gifver det tillkänna, som man tänker, känner eller förnimmer. Språket består af **ord**, hvilka äro intet annat än tecken af tankar. För dessa tecken gifver skriften uti **bokstäfverna** återigen tecken. Den ger tillkänna våra tankar, utan att vi dervid äre nödsakade att tala. — Hieroglyfskriften skiljer sig från bokstäfsskriften derigenom, att den omedelbart innefattar hela tankar. — I talet är en viss ton sinnligt närvarande. Vi hafve deri åskådningen af en ton. Vid detta intryck qvarblifve vi icke, utan vår inbillningskraft knyter dervid föreställningen af ett icke närvarande föremål. Här är alltså tveggehanda förhanden, en sinnlig bestämning och en dermed förknippad annan föreställning. Föreställningen gäller här rent af såsom väsen och såsom betydelsen af det sinnligt närvarande, hvilket härigenom är ett blott tecken. Det gifna innhållet står motsatt mot ett innehåll, hvilket genom oss är frambragt.

§. 6.

I det vanliga lifvet förvexlar man föreställning och tänkande, och vi kalle också det för tänkande, som endast är inbillningskraftens föreställning. Uti föreställningen hafve vi en sak framför oss också till dess yttre oväsendtliga tillvaro. Uti Tänkandet häremot afsöndre vi från saken det yttre blott oväsendtliga och framdrage saken blott i dess väsen. Tänkandet genomtränger genom den yttre företeelsen till sakens inre natur och gör denna till sitt föremål. Det bortlemnar det tillfälliga af en sak. Det tager en sak icke, såsom den är såsom omedelbar företeelse, utan afskiljer det oväsendtliga från det väsendtliga och abstraherar alltså från detsamma. — Uti åskådningen hafve vi enskilda föremål för oss. Tänkandet hänför dem till hvarandra eller jemför dem. Jemförelsen framdraget det, hvad de hafva med hvarandra gemensamt, och bortlemnar det, hvarigenom de skilja sig från hvarandra, och erhåller derigenom allmänna föreställningar. — Den allmänna föreställningen innehåller mindre bestämdhet, än det enskilda föremålet, hvilket hör under detta allmänna, emedan man just erhåller det allmänna blott genom bortlemnande af det enskilda. Deremot omfattar det allmänna mer under sig eller har ett vida större omfång. Så vida tänkandet frambringar ett allmänt föremål, tillkommer det abstraherandets verksamhet och dermed allmänhetens form, såsom t. ex. uti det allmänna föremålet, menniska. Men det allmänna föremålets innehåll tillkommer icke det såsom abstraherande, utan är åt tänkandet gifvet och oberoende deraf för sig förhanden.

Tänkandet tillkomma ännu mångfaldiga bestämningar, som uttrycka ett sammanhang mellan de mångfaldiga företeelserna, hvilket är allmänt och nödvändigt. Sammanhanget, såsom det är uti den sinnliga åskådningen, är blott ett yttre eller tillfälligt, hvilket kan vara så eller också icke vara så. En sten t. ex. gör genom sitt nedfallande ett intryck i en mjuk massa. I den sinnliga åskådningen ligger stenens nedfallande och att härpå, i tiden, en uthålning i massan är förhanden, hvarest stenen berörde henne. Dessa begge företeelser, stenens nedfallande och massans uthålning, hafva i tiden följt på hvarandra. Men detta sammanhang innehåller ännu ingen nödvändighet, utan det kunde, enligt uttrycket, under samma omständigheter, det ena ske och det andra icke följa derpå. Om häremot dessa tvenne företeelsers hänförande på hvarandra bestämmer sig såsom ett sammanhang af orsak och verkan eller såsom **kausalitet**, så är detta sammanhang nödvändigt eller ett förståndets sammanhang. Det ligger deri, att, om under samma omständigheter det ena sker, det andra deri innehålles.

Dessa bestämningar äro tänkandets former. Anden sätter dem blott ur sig sjelf, men de äro tillika det varandes bestämningar. Vi komme först genom eftertanke derpå, hvad som är grund och följd, inre och yttre, hvad väsendtligt eller oväsendtligt. Anden är dervid icke sig medveten, att han godtyckligt sätter dessa bestämningar, utan han uttalar deri något, som utan hans tillgörande för sig är förhanden.

§. 7.

Jagets eller andens obestämdhet förutsättes öfverhufvud, så vida derom tal är, att anden erhåller bestämningar. Andens bestämningar tillhöra honom, om han ock erhåller dem från andra föremål. Så vida något är deri, hvilket, såsom ett af honom oberoende innehåll, icke härrör från honom, tillhör honom dervid dock alltid formen; t. ex. hos inbillningskraften härrör väl ämnet från åskådningen, men formen består uti sättet, huru detta ämne har blifvit förknippadt på annat sätt, än det ursprungligen var förhanden uti åskådningen. Uti en ren föreställning, t. ex. den af ett djur, hör det bestämda innehållet till erfarenheten, men det allmänna deri är formen, som kommer från anden.

Denna form är alltså andens eget Bestämmande. Vid den theoretiska förmågan utgör det nu den väsendtliga skilnaden, att endast formen ligger i andens bestämmande, men deremot vid den praktiska härrör innehållet också från anden. Uti det rätta t. ex. är innehållet den personliga friheten. Denna tillhör anden. Den praktiska förmågan erkänner bestämningar såsom sina, så vida hon öfverhufvud vill dem. Om de ock synas såsom främmande bestämningar eller såsom gifna, så måste de upphöra att vara främmande bestämningar, så vida jag vill dem. Jag förvandlar innehållet till mig, sätter det genom mig.

§. 8.

Den theoretiska förmågan begynner med ett tillvarande, förhandenvarande, yttre, och gör det till en föreställning. Den praktiska häremot börjar med en inre bestämning. Denna heter beslut, föresatts, ledning, och gör det inre verkligt yttre, ger det en tillvaro. Detta öfvergående från en inre bestämning till utomlighet heter Handla.

§. 9.

Handlandet är öfverhufvud en förening af det inre och yttre. Den inre bestämningen, från hvilken det börjar, skall till formen, nämligen att vara en blott inre, upphäfvas och blifva yttre; denna bestämnings innehåll skall förblifva dervid; t. ex. föresatsen, att bygga ett hus, är en inre bestämning, hvars form består deri, att först vara endast föresatts; innehållet innefattar husets plan. Om här nu formen upphäfves, så qvarblifver dock innehållet. Huset, hvilket, enligt föresattsen, skall byggas, och det, hvilket, enligt planen, bygges, äro samma hus.

Tvärtom är Handlandet äfvenså ett Upphäfvande af det yttre, såsom det omedelbart är förhanden; t. ex. vid byggandet af ett hus förändras marken, stenar, träd och de öfriga materialierna på mångfaldigt sätt. Det yttres gestalt göres annorlunda. Det bringas uti en helt annan förbindelse, än det var förut. Denna förändring sker enligt med ett ändamål, nämligen husets plan, med hvilket inre alltså det yttre göres öfverensstämmande.

§. 10.

Också djuren hafva ett praktiskt förhållande till det, som för dem är yttre. De handla utaf instinkt ändamålsenligt, alltså förnuftigt. Men emedan de göra det omedvetet, så kan om ett Handlande hos dem endast oegentligen vara fråga. De hafva begär och drift, men ingen förnuftig vilja. Vid menniskan säger man om hennes drift eller hennes begär äfven vilja. Men noggrannare taladt åtskiljer man viljan från begäret; viljan, i skilnad från det egentliga begäret, kallas då den högre begärförmågan. — Hos djuren är till och med instinkten skild från deras drifter och begär, ty instinkt är väl ett görande ur begär eller drift, men hvilket icke med dess omedelbara yttring är afslutadt; utan har ännu en vidare, för djuret likaledes nödvändig följd. Det är ett görande, hvari ligger ett hänförande också på något annat; t. ex. sammansläpandet af korn genom många djur. Detta är ännu icke hela handlingen, utan det ligger än vidare deri ett ändamål, nämligen deras näring för framtiden.

Driften är för det första något inre, något, som af sig sjelft börjar en rörelse eller ur sig frambringar en förändring. Driften utgår från sig. Genom yttre omständigheter uppvaknar den väl, men det oaktadt var den redan förhanden. Den frambringas icke derigenom. Mekaniska orsaker frambringa blott yttre eller mekaniska verkningar, hvilka äro fullkomligt bestämda genom sina orsaker, uti hvilka alltså intet innehålles, som icke redan i orsaken är förhanden; t. ex. om jag åt en kropp ger rörelse, så är i densamma intet annat, än den meddelade rörelsen. Eller om jag färgar en kropp, så har den intet vidare dertill, än den meddelade färgen. Om jag häremot inverkar på ett lefvande väsen, så gör denna inverkan deraf ännu något helt annat, än som det omedelbart är. Det lefvande väsendets verksamhet uppväckes derigenom, att visa sig ur sig i sin egendomlighet.

För det andra är driften 1) till innehållet inskränkt; 2) hvad dess tillfredsställelse beträffar såsom beroende af yttre omständigheter, tillfällig. Driften går icke utöfver sitt ändamål och kallas så vida blind. Den tillfredsställer sig, följderna må vara, hvilka de vilja.

Menniskan sätter så vida icke sjelf sina drifter, utan har dem omedelbart, eller de tillhöra hennes natur. Men naturen är underkastad nödvändigheten, emedan allt uti henne är inskränkt, relativt eller endast och allenast i hänförande på något annat. Men hvad som är i hänförande på något annat, är icke för sig sjelft, utan beroende af annat. Det har sin grund deri och är ett nödvändigt. Så vida menniskan har omedelbart bestämda drifter, är hon underkastad naturen och förhåller sig såsom ett nödvändigt och ofritt väsen.

§. 11.

Men menniskan kan såsom tänkande reflektera på sina drifter, hvilka i sig hafva för henne nödvändighet. Reflexion kallas öfverhufvud förkortning af det omedelbara. Ljusets reflexion består deri, att dess strålar, hvilka för sig skulle fortplanta sig i rak linie, afböjas från denna riktning. — Anden har reflexion. Han är icke bunden vid det omedelbara, utan förmår deröfver utgå till något annat; t. ex. från en händelse till föreställning om dess följd eller om en dylik händelse eller ock om dess orsak. I det att anden går ut på något omedelbart, har han aflägsnat detsamma från sig. Han har reflekterat sig inom sig. Han har gått inom sig. Det omedelbara, hvaremot han motsätter ett annat, har han igenkänt såsom ett inskränkt. Det är derföre en ganska stor skilnad, om man blott är eller har något, eller om man ock vet, att man är eller har det; t. ex. okunnighet eller råhet i sinnelag eller uppförande äro inskränkningar, hvilka man kan hafva, utan att veta, att man har dem. Så vida man reflekterar derpå eller vet af dem, måste man veta af något tvärtom emot dem. Reflexionen på dem är redan ett första steg utöfver dem.

Drifterna såsom naturliga bestämningar äro inskränkningar. Genom reflexionen på dem börjar menniskan öfverhufvud att utgå öfver dem. Den första reflexionen beträffar här medlen, om de äro för driften tjenliga, om driften derigenom tillfredsställes; vidare om medlen också icke äro för vigtiga, för att uppoffra dem för denna drift.

Reflexionen jemför de skiljaktiga drifterna och deras ändamål med väsendets grundändamål. De särskilda drifternas ändamål äro inskränkta, men bidraga, hvar och en på sitt sätt, dertill, att grundändamålet uppnås. Med detta är likväl den en anärmare beslägtad än den andra. Reflexionen har alltså att jemföra drifterna, om de äro beslägtade med grundändamålet och detsamma genom deras tillfredsställande mer befordras. Inom reflexionen börjas öfvergången från den lägre begärförmågan till den högre. Menniskan är deri icke mer blott naturväsen eller står icke mer inom nödvändighetens sfer. Nödvändigt är något, så vida endast det och icke något annat kan ske. För reflexionen står icke blott det ena omedelbara föremålet, utan ock ett annat eller det som är tvärtom.

§. 12.

Denna just nu beskrifna reflexion är likväl egentligen en blott relativ. Hon utgår väl utöfver något ändligt, men kommer alltid åter till något ändligt; t. ex. om vi utgå utöfver en ort uti rummet, så framställer sig för oss en annan större, men det är alltid ett begränsadt rum eller ort och så fortgår det ända till det oändliga. Äfvenså om vi tillbakagå utöfver den närvarande tiden till den förflutna, så kunne vi föreställa oss en period af tio- eller ock af trettiotusen år. Sådan reflexion fortgår nu väl utur en bestämd punkt i rummet, i tiden, till en annan, men utur sjelfva rummet eller tiden bortkommer hon icke. Så är ock fallet med den praktiskt relativa reflexionen. Hon lemnar en omedelbar böjelse, begär eller drift och går till en annan drift, begär eller böjelse, lemnar också åter dessa o. s. v. Så vida hon är relativ, faller hon endast alltid åter till en drift, drifver endast omkring inom begärena och höjer sig icke öfver hela denna sfer af drifter.

Men den praktiska absoluta reflexionen höjer sig öfver hela denna sfer af det ändliga eller öfvergifver den lägre begärförmågans sfer, hvari menniskan genom naturen är bestämd och beror af det yttre. Ändlighet består öfverhufvud deri, att något har en gräns, d. ä. att här dess icke-varande är satt eller att det här upphör, att det härmedelst alltså hänför sig på något annat. Men den oändliga reflexionen består deri, att jag icke mer hänför mig på något annat, utan på mig sjelf, eller är för mig sjelf föremål. Detta rena hänförande på mig sjelf är **Jaget**, roten till det oändliga väsendet sjelft. Det är den fulla abstraktionen från allt, som är ändligt. Jaget såsom sådant har intet genom naturen gifvet eller omedelbart innehåll, utan har endast sig sjelft till innehåll. **Denna rena form är för sig tillika sitt innehåll.** Hvarje af naturen gifvet innehåll är 1) något inskränkt: men Jaget är oinskränkt; 2) är naturens innehåll omedelbart: men det rena Jaget har intet omedelbart innehåll, emedan det endast är förmedelst abstraktionen från allt annat.

§. 13.

Först är Jaget det rent obestämda. Men det kan genom sin reflexion öfvergå från obestämdhet till bestämdhet, t. ex. till seende, hörande o. s. v. Uti denna bestämdhet har det blifvit sig olikt, men det har tillika förblifvit i sin obestämdhet, d. ä. det kan, då det begifver sig till bestämdhet, åter tillbakavända inom sig sjelft. Hit hör ock beslutandet, ty det föregås af reflexionen och består deri, att jag har flera bestämdheter för mig i obestämd mängd, men hvilka dock åtminstone måste vara dessa tvenne, nämligen någon bestämning af något eller ock icke detta. Beslutet upphäfver reflexionen, af och an gåendet från ett till ett annat, gör en bestämdhet fast och gör henne till dess egen. Grundvilkoret för Beslutandet, för möjligheten, att besluta sig eller att före Handlandet reflektera, är Jagets absoluta obestämdhet.

§. 14.

Viljans frihet är frihet i allmänhet, och alla andra friheter äro blott arter deraf. Då man säger: Viljans frihet, så menas icke, såsom om utom viljan ännu gåfves en kraft, egenskap, förmåga, som också skulle hafva frihet. Just såsom då man talar om Guds allmakt, man dervid icke förstår, såsom om dervid ännu gåfves andra väsenden utom honom, hvilka skulle hafva allmakt. Det gifves alltså borgerlig frihet, tryckfrihet, politisk, religiös frihet. Dessa arter af frihet äro det allmänna frihetsbegreppet, så vida det är tillämpadt på särskilda förhållanden eller föremål. Religionsfriheten består deri, att religiösa föreställningar, religiösa handlingar icke påtrugas mig, d. ä. endast sådana bestämningar äro uti henne, hvilka jag såsom mina erkänner, hvilka jag gör till mina. En religion, som påtrugas mig eller i hänsigt till hvilken jag icke förhåller mig såsom fritt väsen, är icke min, utan förblifver för mig alltid en främmande. — Ett folks politiska frihet består deri, att utgöra en egen stat, och att afgöra, hvad som gäller såsom allmän nationalvilja, antingen genom hela folket sjelft, eller genom sådana, hvilke tillhöra folket, och hvilka det, såvida hvarje annan medborgare har med dem lika rättigheter, kan erkänna såsom sina.

§. 15.

Man uttrycker sig väl så: min vilja har blifvit bestämd af dessa bevekelsegrunder, omständigheter, retelser och drifijädrar. Detta uttryck innehåller närmast, att jag dervid har förhållit mig passivt. Men i sjelfva verket har jag dervid icke endast förhållit mig passivt, utan ock väsendtligen aktivt, nämligen deri, att min vilja har upptagit dessa omständigheter såsom bevekelsegrunder, låter dem gälla såsom bevekelsegrunder. Kausalitetsförhållandet äger härvid icke rum. Omständigheterna förhålla sig icke såsom orsaker och min vilja icke såsom deras verkan. Enligt detta förhållande måste hvad som ligger i orsaken nödvändigt påfölja. Men såsom reflexion kan jag utgå öfver hvarje bestämning, som genom omständigheterna är satt. Så vida menniskan åberopar sig derpå, att hon genom omständigheter, retelser o. s. v. skall blifvit förförd, så vill hon dermed liksom från sig bortskjuta handlingen, men nedsätter sig derigenom endast till ett ofritt eller naturväsen, uuder det hennes handling i sjelfva verket alltid är hennes egen, icke en annans eller icke verkan af något utom henne. Omständigheterna eller bevekelsegrunderna hafva endast så mycket herravälde öfver menniskan, som hon sjelf åt dem inrymmer.

Den lägre begärförmågans bestämningar äro naturbestämningar. Så vida synes det hvarken vara nödigt eller möjligt, att menniskan gör dem till sina. Men just såsom naturbestämningar höra de ännu icke till hennes vilja eller hennes frihet, ty hennes viljas väsen är, att intet må vara inom henne, som hon sjelf icke gjort till sitt. Hon förmår alltså betrakta det, som hör till hennes natur, såsom något främmande, så att det således endast är inom henne, endast tillhör henne, så vida hon gör det till sitt eller med beslut följer sina naturdrifter.

§. 16.

Att tillägga en menniska Skulden för en handling, vill säga att imputera eller tillräkna henne densamma. Barn, hvilka ännu äro i naturens tillstånd, kan man ännu icke tillräkna någon handling; de äro ännu ur stånd till imputation; likaså jemväl förryckte eller svagsinnte.

§. 17.

Uti skilnaden mellan gerning och handling ligger skilnaden mellan begreppen om Skuld, såsom de förekomma i de Gamlas tragiska framställningar och uti våra begrepp. I de förra är gerningen till hela sitt omfång menniskan tillskrifven. Hon har att plikta för det hela och det göres icke skilnad, att hon torde vetat blott en sida af gerningen, men icke de andra. Hon framställes här såsom ett absolut vetande öfverhufvud, icke blott såsom ett relativt och tillfälligt, eller det, som hon gör, betraktas öfverhufvud såsom hennes gerning. En del afvältras icke från henne och på ett annat väsen; t. ex. Ajax, då han uti vredens raseri, för det han icke erhållit Achilles' vapen, dödade Grekernes boskap, skjöt icke skulden på sitt raseri, såsom om han deri hade varit ett annat väsen, utan han tog hela handlingen på sig såsom gerningsman, och dödade sig af blygsel.

§. 18.

Om viljan icke vore en allmän, så skulle inga egentliga lagar äga rum, intet, som kunde verkligt förpligta alla. Hvar och en kunde handla efter sitt behag och skulle icke respektera en annans godtycke. Att viljan är en allmän, härflyter ur begreppet af hennes frihet. Menniskorna, betraktade till deras företeelse, visa sig såsom ganska skiljaktiga i hänseende till viljan öfverhufvud, till charakter, sed, böjelse, särskilda anlag. De äro så vida särskilda individer och skilja sig genom naturen från hvarandra. Hvar och en har anlag och bestämningar inom sig, som felas den andra. Dessa individernas skilnader angå icke viljan i sig, emedan hon är fri. Friheten består just i viljans obestämdhet, eller att hon ingen naturbestämdhet inom sig har. Viljan i sig är alltså en allmän vilja. Menniskans särskildhet eller enskildhet står icke i vägen för viljans allmänhet, utan är den underordnad. En handling, som är rättsenlig eller moralisk eller annars förträfflig, göres väl af en enskild, men alla, skänka deråt sitt bifall. De erkänna alltså deri sig sjelfva eller sin egen vilja. — Det är här samma fall, som vid konstverk. Också de, hvilke icke skulle kunnat tillvägabringa ett sådant verk, finna deri uttryckt sitt eget väsen. Ett sådant verk visar sig alltså såsom i sanning allmänt. Det erhåller desto större bifall, ju mer det särskilda hos upphofsmannen derur försvunnit.

Det kan vara fallet, att man icke för sig är medveten af sin allmänna vilja. Menniskan kan tro, det något går fullkomligt emot hennes vilja, fastän det dock är hennes vilja. Förbrytaren, som bestraffas, kan visserligen önska, att straffet måtte afvändas från honom: men den allmänna viljan för det med sig, att brottet straffas. Det måste alltså antagas, att det ligger i sjelfva förbrytarens absoluta vilja, att han må straffas. Så vida han straffas, är den fordran förhanden, att han också inser, att han straffas rättvist, och om han inser det, kan han väl önska, att han vore befriad från straffet såsom ett yttre lidande, men så vida han medger, att han straffas rättvist, instämmer hans allmänna vilja med straffet.

§. 19.

Godtycket är frihet, men det är formel frihet, eller frihet, så vida min vilja hänför sig till något inskränkt. Man måste dervid åtskilja tvenne sidor: 1) så vida viljan dervid icke förblifver i likhet med sig sjelf, och

2) huruvida hon förblifver i likhet med sig sjelf.

ad 1) Så vida viljan vill någ'ot, så har hon ett bestämdt, inskränkt innehåll. Hon är alltså så vida olik med sig sjelf, emedan hon här verkligen är bestämd, men i och för sig obestämd. Det inskränkta, som hon har upptagit inom sig, är alltså något annat än hon sjelf; t. ex. om jag vill gå eller se, så är jag en gående eller seende. Jag förhåller mig alltså olika med mig sjelf, emedan gåendet eller seendet är något inskränkt och är icke lika med Jaget.

ad 2) Men jag förhåller mig till formen deri jemväl i likhet med mig sjelf eller fri, emedan jag, då jag är så bestämd, anser mig tillika såsom något främmande eller åtskiljer detta bestämdtvarande från mig, från Jaget, emedan, att så gå, att så se, icke af naturen är inom mig, utan emedan jag sjelf har satt det inom min vilja. Så vida är det ock tillika uppenbarligen intet främmande, emedan jag gjort det till mitt och för mig har deri min vilja.

Denna frihet är nu en formel frihet, emedan vid likheten med mig sjelf tillika äfven olikhet med mig är förhanden, eller ett inskränkt är inom mig. När vi i det dagliga lifvet tale om frihet, så förstå vi vanligen derunder godtycke eller relativ frihet, att jag kan göra eller ock underlåta något. — Jemte inskränkt vilja kunna vi hafva formel frihet, så vida vi åtskilje detta bestämda från oss eller reflektere derpå, d. ä. att vi också äre derutöfver. Om vi äre i sinnesrörelse eller drifne genom naturen handle, så hafve vi ingen formel frihet. Emedan vårt Jag alldeles uppgår uti denna känsla, synes hon för oss icke vara något inskränkt. Vårt Jag är icke tillika också utanföre, skiljer sig icke från henne.

§. 20.

Den absolut fria viljan åtskiljer sig från den relativt fria eller godtycket derigenom, att den absoluta har endast sig sjelf, men den relativa något inskränkt till föremål. Den relativa viljan, t. ex. begäret, har blott att göra med föremålet. Men den absoluta skiljer sig jemväl från egensinnigheten. Denna har med den absoluta viljan gemensamt, att icke så mycket hafva att göra med saken, utan fastmer med viljan såsom vilja, att just hennes vilja må respekteras. Båda böra noga skiljas. Den egensinnige förblifver vid sin vilja, blott emedan det är hans vilja, utan att hafva en förnuftig grund derför, d. ä. utan att hans vilja är något allmäntgiltigt. — Så nödvändigt det är, att hafva kraft i viljan, som framhärdar vid ett förnuftigt ändamål, så vidrig är egensinnigheten, emedan hon är det helt enskilda och utslutande mot andra. Den verkligt fria viljan har intet tillfälligt innehåll. Icke tillfällig är endast hon sjelf.

§. 21.

Den rena viljan har icke att göra med någon särskildhet. Så vida detta är fallet med viljan, så är hon godtycke, ty detta har ett inskränkt interesse och hämtar sina bestämningar ur naturliga drifter och böjelser. Ett sådant innehåll är ett gifvet och icke absolut genom viljan satt. Viljans grundsatts är alltså, att hennes frihet må komma till stånd och bibehållas. Dessutom vill hon väl ännu mångahanda bestämningar. Hon har ännu mångahanda bestämda ändamål, inrättningar, tillstånd o. s. v., men dessa äro icke ändamål hos viljan i och för sig, utan de äro ändamål, emedan de äro medel och vilkor till realisering af viljans frihet, hvilken gör inrättningar och lagar nödvändiga för inskränkning af godtycket, böjelserna och blotta för godt finnandet, öfverhufvud drifterna och begärena, hvilka hänföra sig blott på naturändamål; t. ex. uppfostran har till ändamål, att göra menniskan till ett sjelfständigt väsen, d. ä. till ett väsen af fri vilja. För denna afsigt påläggas barnen mångahanda inskränkningar af deras lust. De måste lära lyda, på det att deras enskilda eller egna vilja, vidare beroendet af sinnliga böjelser och begär, må upphäfvas och deras vilja alltså befrias.

§. 22.

Menniskan är ett fritt väsen. Detta utgör hennes naturs grundbestämning. Men dessutom har hon ännu andra nödvändiga behof, särskilda ändamål och drifter, t. ex. driften till kunskap, till sitt lifs, sin hälsas upprätthållande, o. s. v. Det Rätta har icke menniskan till föremål efter dessa särskilda bestämningar. Det har icke till ändamål, att befrämja dessa eller dervid göra en särskild hjelp åt henne.

För det andra. Det Rätta beror icke på afsigten, som man dervid har. Man kan göra något med en ganska god afsigt, men handlingen blir derigenom icke rättsenlig, utan kan det oaktadt vara rättstridig. Å andra sidan kan en handling, t. ex. förfäktandet af min egendom, vara fullkomligt rättsenlig, och dock en ond afsigt vara dervid, i det jag beflitar mig icke blott om hvad som är rätt, utan snarare att skada den andra. På det rätta såsom sådant har denna afsigt intet inflytande.

För det tredje. Det kommer icke an på öfvertygelsen, om det, som jag har att fullgöra, må vara rätt eller orätt. Detta är särskildt fallet vid straff. Man söker väl öfvertyga förbrytaren, att rättvisa vederfares honom. Dock har denna öfvertygelse eller icke-öfvertygelse intet inflytande på det rätta, som honom tillfogas.

Slutligen kommer vid det rätta ej eller an på sinnelaget, hvarmed något fullgöres. Det är ganska ofta fallet, att man gör det rätta blott af fruktan för straff eller af fruktan för andra oangenäma följder öfverhufvud, t. ex. att förlora sitt goda rykte, sin kredit. Eller man kan jemväl, uppfyllande sin pligt, dervid hafva den sinnesstämning, att i det andra lifvet derför belönas. Men det rätta såsom sådant är oberoende af dessa sinnelag.

§. 23.

Rättslära och Moral äro från hvarandra skilda. Något kan, hvad rättigheten beträffar, ganska väl vara tillåtet, som Moralen förbjuder. Rätt t. ex. tillåter mig, på helt obestämdt sätt, dispositionen öfver min förmögenhet; men Moralen innehåller bestämningar, hvilka inskränka densamma. Det kan synas, såsom om Moralen tillåter mycket, som Rätt icke tillåter, men Moralen fordrar icke endast iakttagande af det rätta mot andra, utan tillsätter till det rätta fastmer sinnelaget att respektera det rätta för det rättas skuld. Moralen sjelf fordrar, att först det rätta iakttages, och der, hvarest det upphör, inträda moraliska bestämningar.

För att en handling må hafva moraliskt värde, är insigt nödvändig, om hon är rättvis eller orättvis, god eller ond. Hvad man kallar barns eller ociviliserade nationers oskuld, är ännu icke Moralitet. Barn eller sådana nationer underlåta en mängd onda handlingar, emedan de ännu ingen föreställning hafva derom, emedan öfverhufvud ännu icke de förhållanden äro förhanden, under hvilka allena sådana handlingar blifva möjliga; sådant underlåtande af onda handlingar har intet moraliskt värde. Men de göra också handlingar, hvilka äro enliga med Moralen, och derföre dock icke just äro moraliska, så vida de ingen insigt hafva i handlingens natur, om hon är god eller ond.

Emot den egna öfvertygelse står blotta

tron på andras auktoritet. Om min handling skall hafva moraliskt värde, så måste dermed min öfvertygelse vara förknippad. Handlingen måste i hela sin betydelse vara min. Men handlar jag på andras auktoritet, så är hon icke fullt min; en främmande öfvertygelse handlar ur mig.

Men det gifves jemväl förhållanden, i hvilka den moraliska sidan är, att handla just af lydnad och efter andras auktoritet. Ursprungligen följer menniskan sina naturliga böjelser utan öfverläggning eller med ännu ensidiga, skefva och oriktiga, sjelfva under sinnlighetens herravälde stående reflexioner. Uti detta tillstånd måste hon lära sig lyda, emedan hennes vilja ännu icke är den förnuftiga. Genom detta lydande åstadkommes det negativa, att hon lär sig försaka det sinnliga begäret, och endast genom detta hörsammande kommer menniskan till sjelfständighet. Hon följer uti denna sfer alltid en annan, lika så mycket, då hon hörsammar sin egen, i det hela ännu sinnliga vilja, eller en annans vilja. Såsom naturväsen står hon till en del under yttre tings herravälde, men å andra sidan äro dessa böjelser och begär något omedelbart, inskränkt, ofritt, eller ett annat, än hennes sannskyldiga vilja. Lydnad för förnuftets lag är lydnad i hänseende till min oväsendtliga natur, hvilken står under herraväldet af ett för henne annat. Men å andra sidan är hon sjelfständig bestämning ur sig sjelf, ty just denna lag har sin rot i mitt väsen.

Sinnelaget är alltså vid Moralen ett väsendtligt moment. Det består deri, att man fullgör pligten, emedan det så är tillständigt. Det är alltså ett omoraliskt sinnelag, att göra något af fruktan för straff, eller derför att hos andra bibehålla en god mening om sig. Detta är en heterogen, d. ä. främmandartad bevekelsegrund, ty det är icke sjelfva sakens grund, eller man betraktar då det rätta icke såsom något, hvilket i och för sig sjelft är, utan såsom något, som är beroende af yttre bestämningar.

Af vigt är likväl betraktelsen, om straff eller belöningar äro fästade vid en handling, ehuru följderna icke utgöra handlingens värde. En god handlings följder kunna ofta föra med sig mycket skadligt, en ond handling deremot kan bland sina följder också hafva goda. — Men öfverhufvud att tänka på handlingens följder, är fördenskull vigtigt, emedan man derigenom icke stannar vid den omedelbara synpunkten, utan utgår deröfver. Genom deras flersidiga betraktande ledes man jemväl till handlingarnas natur.

Enligt Rätt är menniskan för menniskan föremål såsom ett absolut fritt väsen; enligt Moral deremot såsom ett enskildt till sin särskilda tillvaro, såsom familjemedlem, såsom vän, såsom en sådan charakter o. s. v. Om de yttre förhållanden, i hvilka menniskan står till andra, äro så beskaffade, att hon uppfyller sin bestämmelse, så är det hennes lycka. Till en del står detta Väl i hennes

viljas makt, till en annan del beror det af
yttre omständigheter och andra menniskor.
Moralen har menniskan till föremål jemväl
hvad hennes särskilda tillvaro eller hennes
Väl beträffar, och fordrar icke endast, att men-
niskan lemnas i sin abstrakta frihet, utan
ock att hennes Väl befordras. — Välbefinnan-
det såsom det yttres öfverensstämmelse med
vårt inre kalle vi också tillfredsställelse.
Lycksalighet är icke endast en enskild
tillfredsställelse, utan ett fortvarande tillstånd,
till en del af den verkliga tillfredsställelsen
sjelf, till en del också af omständigheter och
medel, hvarigenom man alltid innehar möjlig-
heten att, om man vill, förskaffa sig tillfreds-
ställelse. Det sednare är alltså föreställnin-
gens tillfredsställelse. Men i lycksaligheten li-
kasom i tillfredsställelsen ligger begreppet om
lycka, att det är tillfälligt, om de yttre om-
ständigheterna äro öfverensstämmande med
drifternas inre bestämningar. Saligheten
häremot består deri, att ingen lycka är uti
henne, d. ä. att uti henne den yttre tillva-
rons öfverensstämmelse med den inre längtan
icke är tillfällig. Salighet kan endast sägas
om Gud, inom hvilken viljandet och full-
bringandet af dess absoluta makt är detsam-
ma. Men för menniskan är det yttres öfver-
ensstämmelse med hennes inre inskränkt och
tillfällig. Hon är derutinnan beroende.

§. 21.

Den moraliska viljan i hänseende till
innelaget är ofullkomlig. Hon är en vilja,
som har fullkomlighetens syftemål,

men: 1) drifves hon till dess uppnående jemväl genom sinnlighetens och enskildhetens driffjädrar; 2) har hon icke medlen i sin makt, och är derföre, att åstadkomma andras väl, inskränkt. Uti religionen häremot betraktar man det gudomliga väsendet, viljans fulländning, till sina båda sidor, nämligen till sinnelagets fullkomlighet, som inga främmandartade driffjädrar mer inom sig har, och dernäst till maktens fullkomlighet, att uppnå de heliga ändamålen.

Printed by Libri Plureos GmbH in Hamburg, Germany